EDITOR:
ALENCAR PERDIGÃO
GUSTAVO ABREU

ILUSTRAÇÕES:
ELIANE ANTUNES SENNHAUSER

REVISÃO:
NATHAN MATOS | LITERATURABR SERVIÇOS EDITORIAIS

CAPA, PROJETO GRÁFICO E DIAGRAMAÇÃO:
JOÃO GABRIEL MOREIRA | ESTÚDIO DE CRIAÇÃO

Dados Internacionais de Catalogação na Publicação (CIP)
Bibliotecária Juliana Farias Motta CRB7- 5880

S478p Sennhauser, Eliane Antunes
O Pavão e o Coronel / Eliane Antunes Sennhauser. -- Belo Horizonte, MG: Letramento, 2016.
p.: 32.; 26 cm.

ISBN: 978-85-68275-71-9

1. Literatura infantojuvenil brasileira.2.Poesia brasileira.I. Título.
CDD 808.899282

Grupo Editorial LETRAMENTO

Belo Horizonte - MG
Rua Cláudio Manoel, 713
Funcionários
CEP 30140-100
Fone 31 3327-5771
contato@editoraletramento.com.br
www.editoraletramento.com.br

Eliane Antunes Sennhauser

O Pavão e o Coronel

LETRAMENTO

EDITORA Quixote

para Laura

SUMÁRIO

Umas palavrinhas

Este livro fala de coisas, de bichos, de tradições e de festas do Vale do Jequitinhonha, uma das regiões de Minas Gerais. Ele é escrito em versos que podem ser lidos em voz alta. Contar histórias em versos é próprio da ***literatura de cordel***, uma tradição do Nordeste brasileiro. Nas feiras das cidades do Vale do Jequitinhonha, costuma haver poetas vindos dos estados do Nordeste, expondo e vendendo seus livros, que são pendurados num cordel ou barbante esticado de uma barraquinha a outra.

O Vale do Jequitinhonha vai do norte ao nordeste de Minas Gerais e é bonito. Quem é do Vale está sempre perto do mato e dos bichos. Seriemas, tatus, calangos, sonhins, nhambus, socós e teiús são conhecidos de todos. Há até mesmo onças no Vale. São as suçuaranas – grandes, de pelo castanho claro ou amarelado – mas que não são tão grandonas quanto as onças pintadas, que, já há muitos e muitos anos, caçadas e perseguidas, desapareceram de lá.

Há uma grande variedade de frutas gostosas que crescem no Vale do Jequitinhonha. Graviola, manga, mangaba, umbú, caju, ingá, juá, cajá, jaca, seriguela e muitas outras. Mais a nordeste do Vale, os coqueiros crescem muito bem e são vistos enormes e lindos coqueirais. Assim, na culinária do Vale, há muitas delícias preparadas com coco.

Eliane Antunes Sennhauser

No mês de junho, na véspera do dia de São João, são assados biscoitos e bolos feitos com polvilho, que, como todos sabem, é uma farinha muito refinada obtida da mandioca, e que no Vale chamam de ***goma***. Todos servem café com biscoitos de goma para as visitas, que são muito frequentes nessa ocasião.

Com a goma, são feitos também os ***beijus***. Estes parecem uns paninhos muito alvos, estaladiços, dobrados em forma de losango e ficam ótimos com uma boa manteiguinha.

Sábado é sempre dia de feira nas pequenas cidades do Vale. É um dia muito alegre, há cavaleiros e burrinhos carregados movimentando as estradas de terra batida, e também há muita gente nas ruas. Tudo que cada um fabricou ou colheu na roça é levado para ser vendido nessas feiras aos sábados. As ***bruacas***, uma espécie de baú de couro cru com tampas amarradas por tiras ou fivelas, são penduradas, uma de cada lado, no lombo dos burrinhos, cheias a mais não poder, na ida para a feira. Elas voltam cheias também, pois o pessoal aproveita para comprar na cidade tudo de que necessita na roça.

Muitos utensílios de cozinha são fabricados pelos habilidosos artesãos e artesãs que há no Vale. As peneiras são feitas de ***taquara***, que é um tipo de bambu ou cana brava. As ***gamelas*** são vasilhas feitas de madeira talhada e servem para preparar e para guardar alimentos. Potes e panelas de barro – a lindíssima cerâmica do Vale – são feitos com a argila retirada das ***cacimbas***. Essas são escavações num terreno úmido, de onde brota água muito pura que é coletada para beber.

As pessoas que nasceram lá no Vale, falam com um sotaque característico e usam palavras e expressões que não são comuns em outras partes de Minas Gerais. Às vezes o pessoal de lá diz ***arribar*** quando os outros diriam levantar ou suspender. Fala-se ***quentar*** em vez de esquentar. Beliscar ou picar podem ser ***pinicar***.

E assim por diante...

O pavão e o coronel

Um coronel bem velhinho
que vivia no sertão,
num terreiro em desalinho
misturava plantação,
mato, poeira e cravinas
rodeando o casarão.

A casa outrora importante,
agora cai o reboco.
Quem vive naquele oco
da parede do solar?
É preciso olhar de perto,
direitinho reparar...

É ele, matreiro – o calango!
Verde-azul, de qualquer cor,
alerta, ouvindo um rumor.
Há mais alguém no lugar?

Nem é preciso esperar,
pois num fru-fru soberano,
irisado, furta-cor,
um pavão de leque aberto
surge no meio do pó.

O coronel bonachão,
no pátio do casarão.
Em sua loca, o calango.
Atentos, bisbilhotando,
sob o encanto do pavão.

Puro luxo ao céu azul,
esse bicho formosura
mudou tudo de figura.
Rumorejando ao chegar,
encheu o ar de alegria,
tornou a alma levinha,
ao coronel fez sonhar.

O burrinho

O burrinho trotando esperto
a caminho do arraial, decerto,
leva tudo lá da roça: mandioca,
urucum, rapadura e tapioca.

Outro que vem carrega só peneira
de taquara, colher de pau, gamela,
jarro de barro mais pote e panela
caprichadinhos pra vender na feira.

Nesta estrada, trotam mais burrinhos
trazendo todos bruacas cheinhas.
Esta feira vai ter muita fartura:
taioba, alface e moranga madura.

Sobe e desce ladeira o burrinho,
bem devagar, mascando um matinho.
Quem vai comprar tanta gostosura?
Requeijão, beiju, juá e jaca dura.

Panelinhas de barro na feira

Xicrinhas todas juntinhas
Bulinhos a escolher
Os potes, jarros e bilhas
Tudo ao gosto do freguês

Esta moringa bojuda
Deixa a água da cacimba
Tão fresca, tão boa e pura
Como hei de resistir?

Neste tacho bem redondo
Se depois faço um guisado
Batatinha e bife ao ponto
Posso convidar você!

E por fim um bom café
Servido neste bulinho
Enfeitado de florinhas
Margarida e bem-me-quer

De barro cozido no forno
Moldado com os dedos das mãos
Que bonitas panelinhas!
Que elegantes xicrinhas!
Quem moldou? Quem cozeu?

BARRAQUINHA DAS FRUTAS

Olha umbu e graviola
Cheios de suco docinho
Polpa macia e gostosa
Quem vai querer?

Veja a mangaba e o caju
São de dar água na boca
Frescos, dourados, gorduchos
Não quer morder?

E as mangas e seriguelas
Bem maduras desde já
Rosadas, boas e cheias
Não vai provar?

Não quer uma aguinha de coco?
Prefere alguns bagos de ingá?
Ou jaca cheirosa? Goiaba da boa?
Não se esqueça do cajá!

Tanto tatu

Tem tatu-bola,
Tatu-canastra,
Tatu-galinha,
E até tatu-bolinha.

Todo tatu tem sua toca
Que ele cavaca com as unhas.
Tatu, com unhas tão fortes,
Cava tocas muito fundas.

E uma cama de folhas,
Ele faz bem lá no fundo.
Onde dorme preguiçoso
Um sono longo e profundo.

Só as formigas não gostam
De ter um tatu por perto,
Pois contente ele devora
Saúvas e outros insetos.

Mas na roça, ai do tatu
Que pensa que a vida é bela.
Se a passear se aventura,
Pode parar na panela...

Onça pintada

A onça pintada
Vive acabrunhada
Acuada e caçada
Sem dó.

Só falam mal dela
Que ataca sem pena
Bezerros e ovelhas
E só.

O dono da roça
Da onça não gosta
Quer dar-lhe uma coça
Já sei.

Mas bicho tão lindo
Selvagem assim
Merece ter fim?
Não sei...

Será que há um modo
De salvar a onça
Deixá-la na grota
Em paz?

Preservar florestas
Deixar esses tempos
De desmatamentos
Pra trás?

Deixar a pintada
Mais a bicharada
Na terra viver
Como eu e você.

Chica, a seriema

Vovô viu a Chica
Ainda filhote
E trouxe pra cria.

Vovô viu a Chica
Ela come cobra
Bela comida...

Vovô viu a Chica
Que foi viver no jardim
Mas perseguia os meninos
Com seu jeito de rapina.

Vovô viu a Chica
Seriema é o que ela é
– Chica, não me pinica!
– Larga do meu pé!

Vovô viu a Chica
Espantar os passarinhos
E não gostou nadinha
Daquela sua mania.

– Lugar de Chica é no mato!
Foi o que disse o vovô
E pra lá Chica voltou.

(Aposto que ela a-do-rou!)

Có-có-ri-cóóó!

É de manhã na fazenda
inda cedo pra acordar.
Está escuro aqui dentro,
mas lá fora a clarear.

Có-có-ri-cóóó!

Decido abrir a janela.
Está bem fresquinho o ar!
Salto da cama. Desperto.
Vou depressa passear.

Có-có-ri-cóóó!

Rosada por entre os montes,
acolá flutua a aurora.
Só a lua lá ao longe
tem preguiça de ir embora.

Có-có-ri-cóóó!

Mas o sol já vem subindo,
anuncia a passarada.
Lentas vaquinhas mugindo
logo serão ordenhadas.

Có-có-ri-cóóó!

Agora o sol brilha alto
na fazenda do vovô.
Quanto ao meu amigo galo,
só cantou, cantou, cantou...

Có-có-ri-cóóó! Có-có-ri-cóóó!

O bolo de vovó Zilda

Lá vai vovó
Moer mandioca
Ralar o coco
Quentar o forno.

Rala, rala, rala
O coco branquinho!

Vovó vai lá
Pra lá e pra cá
E bate os ovos
Adoça e prova.

Bate, bate, bate
A massa docinha.

No forno quente, quente
O bolo incha e cheira,
Mas assa lentamente
Não há outra maneira?

Anda, anda, anda
Mais depressinha!

Enfim, ficou pronto
E cheira tão bem
Um bolo tão bom
Paciência, quem tem?

Que tal um pedacinho
Antes de esfriar?
Tire o dedo, menina!
Assim vai se queimar.

Vovó leva à mesa
Com um cafezinho
O bolo dourado
Fofinho, fofinho.

Huumm... Como é bom!
Que delícia!
– Vovó, restou só...
Um farelinho.

Dia de São João

Junho é um mês de alegria
Há festas a cada dia
E santos em profusão.

Santo Antônio é o primeiro
São Pedro o derradeiro
E no meio São João.

Moer bastante mandioca
Guardar a goma e os ovos
Faz parte da preparação.

Assam-se então os biscoitos
No tacho canjica bem doce
E pra beber o quentão.

Chega a noite da festança
Fogueira acesa e dança
Os fogos a pipocar.

Estrelinhas, cores, luzes
Desafiam os vagalumes
Que desatam a faiscar.

O sanfoneiro animado
É rouco e desafinado
Mas sabe mesmo alegrar.

"Vamos lá, minha gente!"

Cantoria, vozes altas
Pescaria nas barracas
Prendas pra arrematar.

Vestindo vestido de chita
Chapéu de palha com fita
Lá vou eu participar.

E já ganhei minha prenda
Pois desta noite pra sempre
Não deixarei de lembrar.

"Caminho da roça!"

Boi-de-janeiro

Hoje é noite de reis
E lá vem o boi!

Vem descendo ladeira
Arribando poeira
Rufando tambor.

Êê meninada, deixa o boi passar!

"Boi, boi, boi que dá
Levanta janeiro
Pra nós vadiá!"

Na cadência do pandeiro
O boi no centro da roda
Gira, baila e bamboleia.

O coro dança ao redor
Agitam chocalhos de cuia
E vozes atiçam o boi.

Êê boi!

As flautinhas de bambu
Soam agudas e doces
Em compasso de lundus.

Pastorinhas rodopiam
Reiseiros batem os pés
Brandindo enfeites de fitas.

E a noite inda mais bela
Vibra com as velhas cantigas
Que estes magos dão a ela.

Êê meu boi!

Este livro foi impresso em dezembro de 2016 pela gráfica Formato.

O projeto gráfico foi composto pela fonte Alice in Wonderland e família tipográfica Optima. O papel utilizado foi o couché fosco 170 g/m².

Os desenhos foram feitos com Ecoline, nanquim e um pouco de guache.

A autora admira muito Henri Matisse e tomou emprestado "A dança" (1910) para a ilustração da página 27.